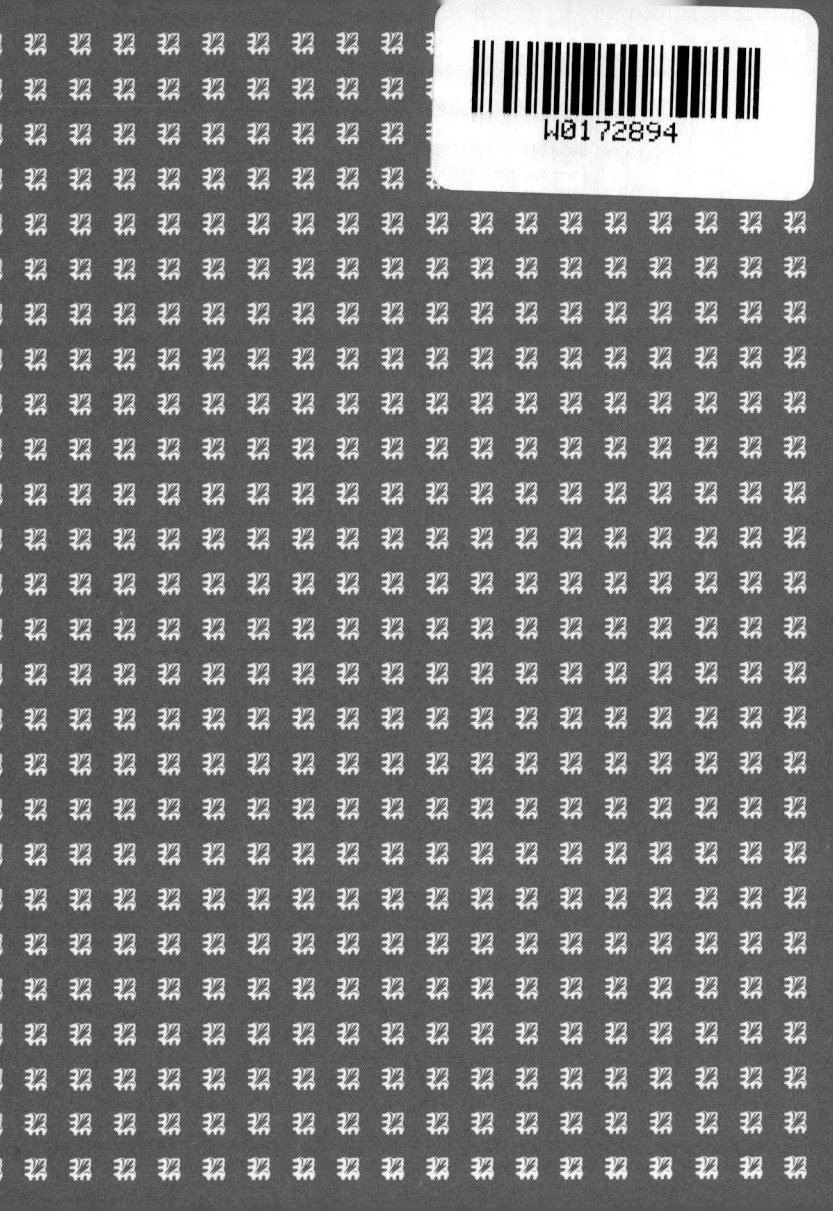

Das kleine Buch der Geister

STÜRTZ – KLEINE BIBLIOTHEK 28

M. v. Schwind (1804–1871) *Der Traum des Gefangenen* 1836

ERNST-OTTO LUTHARDT

Das kleine Buch der Geister

STÜRTZ VERLAG WÜRZBURG

R. C. Huber (1839–1896) *Titania in ihrer*
wunderbaren Täuschung begriffen

Inhalt

»Wir tappen alle in Geheimnissen und Wundern.«

Johann Wolfgang von Goethe

Unser Drahthaar-Terrier hörte auf den Namen Alf. Wenn ich in der Schule war, hielt er sich bei meinen Großeltern auf. Die beiden und das Tier waren das, was man ein Herz und eine Seele nennt. Als mein Opa schwer erkrankte, wollte der Hund erst recht keinen Schritt von ihm weichen. Er schien zu spüren, daß es keine Rettung für seinen Freund gab.

Eines Morgens wurde ich von einem durch Mark und Bein gehenden Heulen geweckt. Alf stand mit seltsam gestrecktem Körper vor meinem Bett und wollte nicht aufhören mit seiner Klage. Auch als ich ihn in meine Arme nahm, ließ er sich nicht beruhigen. Er heulte, bis er nicht mehr konnte. Da hatte ich inzwischen erfahren, daß mein Opa gestorben war. Der Hund hatte irgendetwas gespürt. Den Geist vielleicht, als er den Körper verlassen hatte und zum Geist geworden war …

Begegnungen dieser oder anderer Art mit dem Unfaßlichen haben die meisten von uns, gleichwohl sie sich scheuen, darüber zu sprechen. Berichte über Geister sind aus allen Zeiten und Kulturen überliefert. Sigmund Freud würdigte ihre »Erfindung« als die erste theoretische Leistung der Gattung Mensch und anerkannte sie zumindest

R. Schiestl (1878–1931) *Im Wald lauern die Gespenster*

als psychische Realität. In diesem Urteil konnte er sich der Übereinstimmung mit berühmten Persönlichkeiten gewiß sein. So dachte selbst der nüchterne Immanuel Kant darüber nach, ob nicht vielleicht das »*Principum des Lebens … immaterieller Natur*« sei. Und der große Zweifler Arthur Schopenhauer argumentierte: »*Die apriorische Verwerfung der Möglichkeit einer wirklichen Erscheinung verstorbener Menschen kann sich allein auf die Überzeugung gründen, daß durch den Tod das menschliche Wesen ganz und gar vernichtet wurde. Denn, solange diese fehlt, ist nicht einzusehen, warum ein Wesen, das noch irgendwie existiert, sich nicht auch irgendwie manifestieren und auf ein anderes, wenngleich in einem anderen Zustand befindliches, einwirken sollte.*«

Die Reihe derer, die über ihre Begegnungen und Erlebnisse mit der anderen Welt Auskunft geben, ist lang und umfaßt Vertreter aller Couleurs. So wissen wir von Goethe, daß er nicht nur seinem – geisthaften – Doppelgänger, sondern auch auf Schloß Reichshofen im Elsaß einer ungewöhnlich schönen Frau begegnete, deren Gewand ihn wie ein feiner bläulicher Duft gestreift hatte, ehe sie verschwand. Zu den Dichtern, die Geister sahen, zählen außerdem Knut Hamsun, Ernst Moritz Arndt, Emanuel Geibel, Agnes Günther, Eduard Mörike, Max Dautenthey, Victor von Scheffel, Friedrich Schiller, Stefan George, Justinus Kerner, Wilhelm von Scholz, Nikolaus Lenau, Thomas Mann, Wilhelm von Kügelgen, Georg Christoph

Lichtenberg, Johann Heinrich Jung-Stilling, Werner Bergengruen, Hans Christian Andersen und Rainer Maria Rilke. Letzterer war überzeugt, daß ihm zu bestimmten Zeiten gewissermaßen ein anderes Ich die Feder führte. Im Februar 1912 ließ er seiner vertrauten Freundin, der Fürstin Marie von Thurn und Taxis, in einem Brief wissen: *»… der Geist fährt so unwirsch aus und ein, kommt so wild und bleibt so plötzlich aus, daß mir zumuth ist, als ging ich, körperlich, dabei in Stücke.«* In einem solchen Zustand des Rausches schrieb er auch die »Duineser Elegien«. Acht Jahre später, auf Schloß Berg am Irchel bei Zürich, sah er sogar den anderen – einen altmodisch gekleideten Mann, der ihm gegenüber auf einem Stuhl saß und jene Gedichtzeilen vorlas, die noch wenige Augenblicke zuvor durch Rilkes Kopf gegangen waren:

Berge ruhn, von Sternen überprächtigt;
aber auch in ihnen flimmert Zeit,
ach, in meinem wilden Herzen nächtigt
obdachlos die Unzugänglichkeit.

Während der berühmte französische Bildhauer Meunier in Anwesenheit des deutschen Kunstwissenschaftlers Julius Meier-Graefe eine telepathische Nachricht über den Tod seines in Westindien weilenden Sohnes empfing, ging es in jener Nacht, als der Schweizer Maler Andreas Zingg verschied, im Atelier seines Freundes Karl August Richter

F. Francken II. (1581–1642) *Hexenversammlung*

mehr als turbulent zu. Es gab ein Poltern und Lärmen, »*man hörte deutlich die größeren und kleinen Figuren herabstürzen und zerbrechen*«, schrieb Karl Augusts Sohn Ludwig später in seinen Lebenserinnerungen. Darin erfährt man auch, wie die Geschichte zu Ende ging: »*Nachdem wir uns überzeugt, daß keine Täuschung obwalte, sprang Papa aus dem Bette, ergriff einen Säbel … und marschierte so im Hemde nach der Tür; ich aber wollte meinen Papa doch nicht allein in das schreckliche spukende Gipskabinett … ziehen lassen, oder ich fürchtete mich, allein zurückzubleiben; kurz, ich sprang mit einem kühnen Satze ebenfalls aus dem Bette … Wir öffneten vorsichtig die Ateliertür, und, da sich hier nichts zeigte, auch die Tür zum Gipskabinett. Wir glaubten in eine grauenvolle Zerstörung sehen zu müssen, aber nichts von alledem. Es war mäuschenstill, wie es nach Mitternacht in einem stillen Hofe nur sein kann … Alles repräsentierte sich in bester Ordnung und ohne irgend eine Verletzung unseren Blicken*«. Der Maler, Zeichner und Autor Alfred Kubin führte einen nicht geringen Teil seines Werkes auf Traumgesichte zurück. So rührt zum Beispiel die Lithografie »Halluzination« von einem denkwürdigen Erlebnis aus den zwanziger Jahren, als er auf einer Landstraße nahe Passau die gespenstische Gestalt seiner kranken Schwester auftauchen sah und sie an Ort und Stelle auf dem Skizzenblock festhielt.

Nun könnte man glauben, solche Erlebnisse wären allein der gesteigerten Phantasie von Dichtern und Künstlern geschuldet. Gäbe es da nicht jene Berichte von Naturwissenschaftlern oder Militärs, die weit davon entfernt sind, als Schwarmgeister zu gelten. Hermann Oberth, der Raketenpionier und Lehrer Wernher von Brauns, führt in seinem Buch »Katechismus der Uraniden« einen »*hundertprozentigen Beweis*« für die Existenz von Geistern an. 1929 brachte ein Berliner Medium in der Handschrift seines verstorbenen Bruders Dinge zu Papier, »*die außer ihm niemand gewußt haben konnte, und die ich später für wahr befunden habe*«. Während den Astronomen Friedrich Wilhelm Herschel ein Gespenst heimsuchte (1772), zeigt die Uhr über dem Kamin von Thomas Alva Edisons Arbeitszimmer noch heute jene Zeit, zu der sie – ohne erkennbare Ursache und mit noch nicht abgelaufenem Werk – am 18. Oktober 1931, um 15.24 Uhr, plötzlich stehengeblieben war. Es handelt sich um die exakte Todesstunde des großen Erfinders. Und als Alfred Krupp, seit längerem mit einer schwierigen technischen Aufgabe befaßt, darüber im Zug einschlief, konnte er nicht ahnen, bei seinem Erwachen die Lösung – in seiner eigenen Handschrift – auf einem Zettel vorzufinden.

Mag man noch angesichts des Berichtes des damaligen Oberbefehlshabers der ukrainischen Kosaken I. Poltawetz von Ostranitza, der 1913 mit seinem Freund in ein Geisterhaus geraten sein und dort ein mörderisches Eifersuchtsdrama miterlebt haben will (das tatsächlich vor Jahrzehnten an selbigem Ort spielte), ein wenig in Zweifel sein ob der möglichen Anwesenheit von König Alkohol, so steht der Ruf des Prinzen Max Hohenlohe und des Grafen Harald Gröbern außer allem Zweifel. Sie begegneten am Abend des 24. 4. 1891 vor dem Generalstabsgebäude in Berlin am Königsplatz just in jenem Augenblick der schweigenden Gestalt des Generalfeldmarschalls von Moltke, als dieser in seinem Sterbezimmer die Augen für immer schloß. Auch Kaiser Napoleon hatte offenbar ein denkwürdiges Erlebnis gespenstischer Art, in der Königskammer der Cheopspyramide. Nach Augenzeugenberichten soll er ziemlich verstört wieder ans Tageslicht gekommen sein. Möglicherweise hat er auch 1812 auf seinem Feldzug nach Rußland im Bayreuther Neuen Schloß die Weiße Frau gesehen, die zur gleichen Zeit dem ihn begleitenden Intendanten der bayerischen Schlösser, Graf Münster, erschienen war. Jedenfalls erkundigte sich der Korse am nächsten Morgen, welches Kleid die Weiße Frau auf dem im Schloß befindlichen Gemälde trage …

Fest steht, daß die Geister heutzutage in anderem Gewand und an anderen Orten auftreten als früher. Das mag an unseren veränderten Lebensumständen liegen. Wir begegnen ihnen weniger auf Burgen und Schlössern oder im Wald und auf Feldern und Wiesen, sondern bekommen eine Ahnung von ihrer Existenz und ihrem Wirken, wenn modernste Computer plötzlich unerklärliche Störungen zeigen oder moderne Düsenjets vom Radarschirm ver-

schwinden, um dann ebenso geheimnisvoll wieder aufzu-
tauchen.

Nicht von ungefähr könnte gerade die moderne Physik,
von vielen als Totengräber des Geisterglaubens apostro-
phiert, so etwas wie dessen Amme werden. Spielt sie doch
in ihren Theorien sowohl mit einer vierten Dimension des
Raumes als auch mit der Relativität der Zeit. Die Existenz
solcher Welten muß unseren Sinnen normalerweise für
immer und ewig versperrt bleiben. Nur hier und da und
unter besonderen Umständen bekommen wir ein Zeichen,
eine Vision, ein Signal von drüben.

M. v. Schwind (1804–1871) *Elfentanz im Erlenhain* um 1860

»Und der Geist Gottes schwebte über den Wassern ...«

Das erste Buch Mosis
Genesis 1, 2

Die alten Hebräer stellten sich dies bildlich vor; für sie war »Ruach« der Odem Gottes oder gar dieser selbst, denn: *»Gott ist Geist«*. Fest davon überzeugt, daß dieser lebendig mache, verehrten sie jene mächtige von Gott ausgehende Kraft als »Heiligen Geist«.

Allerdings erkannten sie auch schon von Anfang an jene Ambivalenz, auf die sich unsere Welt und Existenz gründen und an der sich bis heute Geist und Geister scheiden. Die bekannteste Geisterbeschwörung des Alten Testaments befahl ausgerechnet König Saul:

Samuel war gestorben, und ganz Israel hatte die Totenklage um ihn gehalten und ihn in seiner Stadt Rama begraben. Saul aber hatte das Land von Totenbeschwörern und Wahrsagern gesäubert. Nun versammelten sich die Philister, drangen ein und lagerten sich bei Sunem; Saul aber versammelte ganz Israel, und sie lagerten sich am Gilboa. Als Saul das Heer der Philister sah, fürchtete er sich, und sein Herz zitterte sehr. Und Saul befragte den Herrn, aber der Herr gab ihm keine Antwort, weder durch Träume noch durch das heilige Los noch durch die Propheten. Da sprach Saul zu seinen Dienern: Suchet mir ein Weib, das Macht hat über Totengei-

ster, daß ich zu ihr gehe und sie befrage. Seine Diener sprachen zu ihm: Ein Weib, das Macht hat über Totengeister, gibt es in Endor. Da verstellte sich Saul, zog andre Kleider an und ging mit zwei Männern hin, und sie kamen bei Nacht zu dem Weibe. Und er sprach: Wahrsage mir doch durch den Totengeist und bringe mir den herauf, den ich dir nenne. Das Weib sprach zu ihm: Du weißt doch, was Saul getan hat: daß er die Totenbeschwörer und Wahrsager im Lande ausgerottet hat; warum legst du mir eine Schlinge, daß ich getötet werde? Saul aber schwur ihr bei dem Herrn und sprach: So wahr der Herr lebt, es soll dich keine Schuld in dieser Sache treffen. Da fragte das Weib: Wen soll ich dir heraufbringen? Er antwortete: Den Samuel bring mir herauf! Da schaute das Weib Saul an, schrie laut auf und sprach zu ihm: Warum hast du mich getäuscht? Du bist ja Saul! Der König aber sprach zu ihr: Fürchte dich nicht! sondern sage, was siehst du? Das Weib sprach zu Saul: Einen Geist sehe ich aus der Erde heraufsteigen. Er sprach zu ihr: Wie sieht er aus? Sie sprach: Es kommt ein alter Mann herauf, umhüllt mit einem Mantel. Da merkte Saul, daß es Samuel sei, und er neigte sich mit seinem Angesichte ehrfurchtsvoll zur Erde. Samuel aber sprach zu Saul: Warum störst du meine Ruhe und läßest mich heraufkommen? Saul sprach: Ich bin in großer Not; die Philister streiten wider mich. Gott aber ist von mir gewichen und gibt mir keine Antwort mehr, weder durch Propheten noch durch Träume; darum habe ich dich rufen lassen, daß du mir zeigest, was ich tun soll. Samuel sprach: Warum fragst du mich denn, da doch der Herr von dir gewichen und dein Feind geworden ist? Der Herr hat dir getan, wie er durch mich geredet hat: der Herr hat dir das Königtum entrissen und es dem andern gegeben, dem David. Weil du auf die Stimme des Herrn nicht gehört und seinen grimmigen Zorn an Amalek nicht vollstreckt hast, darum hat der Herr dir heute das getan und hat auch Israel mit dir in die Hand der Philister gegeben; und morgen wirst du samt deinen Söhnen bei mir sein.

Die Prophezeiung erfüllte sich auf unheimliche Weise: Die Schlacht auf dem Gilbra-Gebirge brachte Saul und seinen Söhnen den Tod.

Im Neuen Testament haben Markus und Matthäus überliefert, daß Jesus Macht über böse Geister besaß.

Und als er ans jenseitige Ufer in die Landschaft der Gadarener gekommen war, begegneten ihm, von den Grüften her kommend, zwei Besessene, die sehr bösartig waren, so daß niemand auf jenem Weg vorbeigehen konnte. Und siehe, sie erhoben ein Geschrei und sagten: Was haben wir mit dir zu schaffen, du Sohn Gottes? Bist du hierher gekommen, um uns vor der Zeit zu peinigen? Es war aber fern von ihnen eine Herde von vielen Schweinen zur Weide. Da baten ihn die Dämonen: Wenn du uns austreibst, so schicke uns in die Schweineherde. Und er sprach zu ihnen: Fahret hin! Sie aber fuhren aus und fuhren in die Schweine. Und siehe, die ganze Herde stürzte sich den Abhang hinunter in den See und kam im Wasser um. Die Hirten aber flohen und gingen in die Stadt und verkündigten alles, auch was mit den Besessenen vorgegangen war.

Geisterbeschwörung

Schon in der Antike versuchte man, sich die Geister zu Willen zu machen. Hellenistische Zauberpapyri zeugen von der Vorstellung, durch bestimmte Wörter und Riten die Elemente des Jenseits beschwören zu können.

Jedoch gaben weniger die gelehrten Theoretiker wie Agrippa von Nettesheim (»Occulta Philosophia«) und Theophrastus Paracelsus (»Liber de nymphis, sylphis, pygmaeis et salamandribus ...«), sondern ein literarischer Bestseller des späten 16. Jahrhunderts der praktischen Geisterkunde neuen und geradezu unerhörten Auftrieb. Die »Historia von D. Johann Fausten« erschien vermutlich zuerst als lateinischer Unterhaltungsroman, wurde aber sehr bald ins Deutsche übertragen. Während der anonyme Verfasser des populären Volksbuches von 1587 an Faust nicht ein gutes Haar läßt, bemühen sich spätere Bearbeiter schon eher, der historischen Figur des Magiers, Alchimisten, Astrologen und Nekromanten einigermaßen gerecht zu werden. Den nach absolutem Wissen dürstenden und dafür selbst mit dem Teufel paktierenden Renaissancemenschen gültig ins Bild zu setzen, ist freilich erst Goethe gelungen.

F. de Goya (1746–1828) *Conjuro (Exorzismus)*

Die verschiedenen Versionen des Volksbuches jedenfalls fanden besten Nährboden und begründeten eine regelrechte Zauber- und Geisterliteratur. Unter den Titeln »Imperationes Fausti«, »Vinculum spitiruum« oder »Fausts Höllenzwang« erschienen eine Reihe Bücher und Schriften, die zuvor – ihrer Gefährlichkeit wegen – in Kloster- und Kirchenbibliotheken angekettet gewesen sein sollen. Doch dieser Hintergrund zeitigte erst recht mehr verlockende denn abschreckende Wirkung. Erhoffte man sich doch durch die Geister, Macht und Reichtum zu erlangen. Inwieweit sich im einzelnen diese Erwartungen erfüllten, blieb – verständlicherweise – im dunkeln. Wohl aber wurde in ganz Deutschland jene Tragödie bekannt, die sich in der Christnacht 1775 in Jena ereignete. Da fanden sich in einem Weinberghäuschen ein Schneider, ein Bauersmann und ein Studiosus zusammen, um mit Hilfe von »Fausts Höllenzwang« und einer Springwurz einen vergrabenen Schatz zu heben (Die Identität jener geheimnisvollen Pflanze, die schon im »Clavicula Salomonis« genannt wird und die die Türen aller Schatzkammern öffnen könne, ist bis heute nicht geklärt. Angeblich soll sie der Specht vor menschlichen Zugriffen schützen. Um trotzdem in ihren Besitz zu kommen, wird in einem alten Zauberbuch geraten, die Höhle eines solchen Vogels mit einem Holzpflock zu versperren. Der Specht würde daraufhin eine Springwurz benutzen, um den Zugang zu öffnen. Danach ließe er diese zu Boden fallen, und man müsse sie nur auffangen, ehe sie den Erdboden berühre …).

Wie dem auch sei, die Jenenser Schatzgräber gingen mutig ans Werk. Sie sagten ihre Sprüchlein auf, brannten auch noch etliches Räucherwerk ab, müssen dabei aber etwas falschgemacht haben. Der Teufel holte nämlich nicht den Schatz aus der Erde, sondern sie selbst. Das heißt, Bauersmann und Schneider erstickten an den selbstproduzierten Höllendämpfen; nur der Studiosus kam mit dem Schrecken davon.

Ein dreiviertel Jahrhundert vorher hatten die Geister einen ganzen Staat ruiniert. Der hieß Sachsen-Eisenberg und war so klein, daß es ihn eigentlich gar nicht hätte geben dürfen. Herzog Christian wußte dies wohl und sah seine einzige Rettung in jenen Jenseitswesen, mit denen er im Briefwechsel stand. Sie versprachen einen wahren Goldsegen, verlangten dafür aber eine angemessene Vorauszahlung. Der Herzog tat, wie ihm geheißen, stellte dreihundert Säcke für das versprochene Gold bereit und wartete. Ließ vorsorglich schon einmal eine Münze prägen für den Tag des großen Reichtums und strich seinen Untertanen für drei Jahre die Steuern. Nachdem er doch unruhig wurde, meldete sich der liebe Gott persönlich und erinnerte den Zagenden, daß Jesus ja auch spät, aber noch rechtzeitig gekommen sei. Dem verbitterten Herzog half dieser Verweis wenig. Er fühlte sich genasführt – nicht von den Geistern, sondern von den Menschen.

Fausts Höllenzwang

»Fausts Höllenzwang«

(Auszug)

Ohn Kreis lies mich nicht laut,
sonst bin ich dir gefährlich.
Der Geist dringt dir auf deine Haut,
so du nicht bist bewährlich;
und mußt ergeben dich,
wenn er dich bloß tut finden;
läßt nicht abweisen sich,
dich mit ihm zu verbinden.
Drum mach zuvor den Kreis;
den Charakter auch wohl merke;
stell alles an mit Fleiß,
bevor du gehst zu Werke.
Dann denk auf einen Geist,
hab acht auf dessen Zeichen;
woran dir liegt am meist,
Effekt wirst du erreichen.
Wenn du gebrauchst die Kraft,
wirst du die Geister zwingen,
gleich wie ich selbst gemacht.
Der Geist muß alles bringen.

Da ich, den freien Künsten obliegend, vielerlei Bücher von Jugend auf zu lesen unverdrossen war, ist mir zu Handen gestoßen dies Buch von allerhand Beschwörungen; worunter ich auch befunden, daß man einen Geist, er sei im Wasser, Feuer, Erd, Luft, zu seinem Willen und Gehorsam zwingen oder dringen könnte. Und nachdem ein Geist vor dem andern mehr Gewalt, und ein jeder nach seiner Art besondere Operationen übernatürlich auszuwirken geeignet ist, also hat mich eine Lust angefallen, mehr Gedanken hierüber zu nehmen. Versetzte derohalben meine Gedanken in wirkliche Proben, und machte mir zwar anfangs schwachen Glauben, daß so bald folgen sollte, was mir dies Buch andeutete. Gleichwohl aber wurde ich gewahr, daß durch eine meiner Zitationen ein mächtiger Geist sich vor mich stellte, Red und Antwort von mir begehrte, warum ich ihn geladen; da wußt ich in der Eil mich nicht anders zu entschließen, als daß er mir in allerhand Anliegen und Begehren dienstlich sein sollte, – welcher dann willfährig. Aber begehrte dannenhero zuvörderst ein Bündnis mit mir zu schließen, wozu ich innerlich nicht geneigt war. Weil ich aber kaum mit einem geringen Kreis versehen war, inmaßen ich nur eine Prob anstellen wollte, so durfte ich ihm keinen Trotz bieten, sondern mußte den Mantel nach dem Winde hängen, und war bereit, sofern er mir durch gewisse Zeit und Jahre lang dienen und pflichtig sein wollte, so wollte ich mich ihm schriftlich eigenhändig reversieren.

Nachdem auch solches erfolgt, stellte mir dieser Geist

namens Astaroth einen andern Geist, namens Marbuel, vor, der mir zu dienen angewiesen ward; welcher, da ich fragte, wie geschwind er wäre, sagte: Wie der Wind. Du dienest mir nicht, sprach ich; fahre wieder hin, woher du gekommen bist. Hierauf war bald zugegen ein andrer Geist, der hieß Aniguel; dieser antwortete auf Befragen, er wäre so geschwind als ein Vogel in der Luft. Du bist mir dennoch zu langsam, fahre hin. In dem Moment war vor mir nochmals ein anderer Geist, Aciel genannt. Diesen fragte ich auch, wie geschwind er wäre. So geschwind als der Menschen Gedanken, sprach er. Recht für mich, dich will ich haben, sprach ich, und nahm ihn auf.

Dieser Geist hat mir schon eine Zeitlang trefflich gedient, wovon weitläufig zu schreiben dieses Orts unnötig, indem ich hier nur andeuten will, wie die Geister zitiert werden sollen; auch wie die Kreise zur Beschützung zuzubereiten sind. Man muß aber wissen, daß der Geister viel und mancherlei sind, die zu des Menschen Dienst sich zitieren lassen. Aciel ist unter diesen der mächtigste, erscheint in menschlicher, annehmlicher Gestalt, in Größe zwei kleiner Ellen hoch; läßt sich dreimal im formierten Kreis zitieren; verschafft Geld und entlegene Sachen nach des Menschen Willen; ist so geschwind als des Menschen Gedanken. Aniguel ist diensthaft, stellt sich in Gestalt eines zehnjährigen Knaben; läßt sich auch dreimal zitieren; verschafft, was unter dem Boden verborgen: Schätze, Mineralien usw. Marbuel ist ein rechter Bergherr, geschwind als wie ein Vogel in der

I. Marshall (1838–1902) *Tartinis Traum*

Luft; er ist ein trotziger Geist, läßt sich wohl viermal zitieren, ehe er sich stellt, und zwar in der Figur eines Kriegers; er verschafft, was auf und unter der Erde wächst; sonderlich ist er ein Herr der Springwurzel. Machiel erscheint als eine schöne Jungfrau, macht den Menschen wert und angenehm, erhebt ihn zu Macht und Ehren; macht bestehen in Gerichtshändeln; gibt Glück im Spiel und überall; läßt sich zweimal zitieren.

Wenn du nun wünschen möchtest, dies und jenes zu haben, so mußt du desjenigen Geistes Zeichen, welchen du zitieren willst, vor den Kreis zeichnen. Wenn du wolltest viel Geld haben, so zitiere den Geist Aciel, stelle sein Zeichen vor den Kreis, formiere denselben, und also verfahre mit den andern Geistern auch. An dem Ort, wo du den O machen willst, muß anfänglich mit einem großen Schwert, womit keiner beschädigt worden, ein Kreuz durchaus geführt werden. Hierauf wird der innerste Kreis mit einem langen, schmalen Zettel, so um und um geht, von Jungfernpergament, gemacht, und solcher gesteckt auf zwölf Kreuze, so von Kreuzdornholz gemacht sein müssen. Nach diesem ersten Kreis mache auswärts den zweiten Kreis mit einem rotseidnen Faden, so links gesponnen. Stecke herum zwölf Kreuze von Lorbeerblättern zusammengebunden, mache einen langen Zettel von ungebrauchtem weißen Papier, und schreibe mit einer ungebrauchten Feder die Charaktere; diesen Zettel umwinde mit dem rotseidnen Faden. Nach diesem zweiten Kreis mache den dritten Kreis auswärts, welcher auch auf Jungfernperga-

ment gemalt sein muß, und auf zwölf Kreuze, so von ge-
weihten Palmen gemacht, gesteckt wird.

Wenn du nun diese drei Kreise also gemacht hast, so gehe
rücklings über den äußersten Kreis, dann über den andern,
und endlich über den dritten Kreis, und stehe mitten auf einem

Damit du aber nicht fehlest, so richte dich in allem nach
der Vorschrift. Und wenn du zitierst und die Zitation abliest,
mußt du den Namen des Geistes wohl aussprechen.

Citatio

In Kraft und durch Gewalt der Obersten

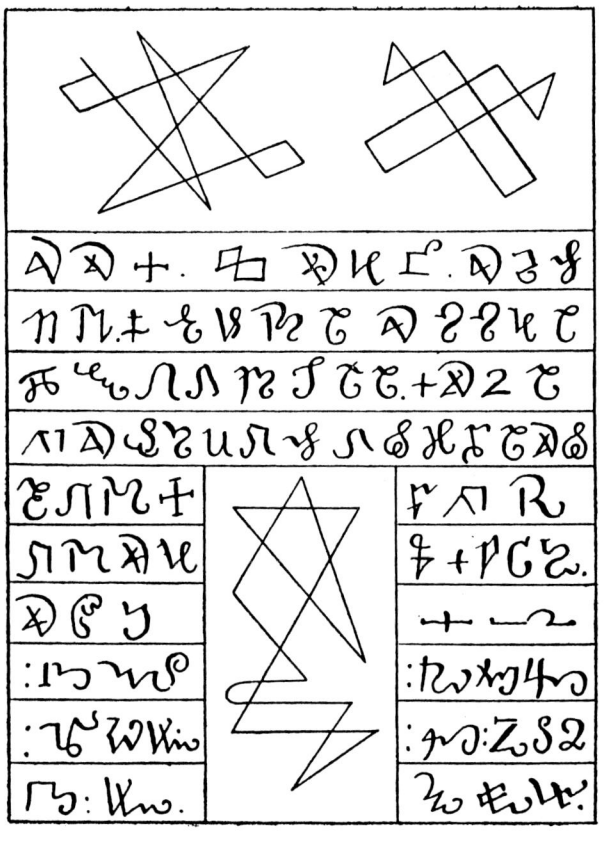

Aciel

fordere und lade ich N. N. dich Geist Machiel, und durch die
Stärke des allgewaltigen Adonai

beschwöre ich dich, Geist Machiel, du seist in Lüften oder in
Klüften, auf, in oder unter der Erde; du seist in oder auf dem
Wasser, oder wo du dich, Geist Machiel aufhältst, jetzt und
zu dieser Zeit und Stunde, daß du dich in diesem Augenblick
auf dein Zeichen vor meinen Kreis stellst, und meinen Wil-
len anhörst und vollbringst. Wo du aber anjetzo nicht gehor-
chen und dich vor meinen Kreis nicht stellen wirst, so sollst
du, Geist Machiel, durch

Tod, Teufel, Hölle und Pestilenz aus den Lüften, aus der Er-
den, oder wo du bist, vertrieben, bannisiert und verstoßen
sein. So du dich aber unverzüglich darstellst und einfindest,
auch was ich von dir begehren werde, willig ausrichten wirst,
so soll dir Lob und Lohn zuteilen werden.

Abdankung

Wenn der zitierte Geist dich fragt, warum du ihn zitiert hast,
so sage ihm augenblicklich dein Begehren, welches er sodann

gleich verrichten muß. Wenn dann der Geist die verlangten Gelder, oder was du von ihm zu tun begehrst, vor deinen Kreis gebracht hat, so wirf entweder das erste, was du davon siehst, oder etwas von deinem Eigenen ihm zu und sage: Das ist dein Lohn! Und gib ihm den Abschied wie folgt:

Weil du, Geist Machiel, auf meine Zitation ungesäumt erschienen und dich eingefunden hast, und meinen Willen erfüllt hast, so sage ich dir, Geist Machiel, für solche getreue und willfährige Dienste Lob und Dank. Und fahre wieder im Frieden fort, woher du gekommen bist, und genieße ferner dein Recht und Freiheit, wie du zuvor gehabt hast. Wirst auch, da ich dich ferner laden und zitieren werde, dich willig wieder einfinden und stellen.

Darauf wird der Geist verschwinden, und den Kreis mache nun wieder auf.

Nach: Will-Erich Peuckert (»Von schwarzer und weißer Magie«)

Der Geist Gottes erscheint dem ruchlosen Jäger

Wie man sich vor (bösen) Geistern schützt

Die alten, vielfach erprobten Mittel sind nach wie vor auch die wirksamsten. Daß die Geister Lärm und Licht meiden, macht man sich heute noch in der Neujahrsnacht zunutze. Den – selten gewordenen – Osterfeuern und den – wiederbelebten – Johannisfeuern wird die gleiche Wirkung zugeschrieben. Zu früheren Zeiten wurden auch am Martinstag, in der Heiligen und in der Hochzeitsnacht, am ersten Fastensonntag sowie in der Walpurgisnacht Feuer abgebrannt. Zu den beiden letztgenannten Anlässen sammelte man das ganze Jahr über die Besen (der Hexen).

Gute Dienste gegen Geister und Dämonen leisten auch bestimmte Symbole, so ein Kreuz unter der Dachtraufe oder ein Tierkopf am Giebel des Hauses. Auch ein Wetterhahn ist zu diesem Zweck hilfreich, weil er nicht nur die Richtung des Windes zeigt, sondern auch den aufgehenden Tag versinnbildlicht.

Obwohl das Beten heutzutage nicht mehr jedermanns Sache ist, hilft es unbestritten bei gewissen persönlichen Bedrängnissen, deren Ursachen und Verlauf sich scheinbar jeder Logik sperren und die folglich von jener Art sind, die uns Menschen ohne den Beistand des Himmels verderben würde.

C. Schwabe (1866–1926) *Der Totengräber und der Todesengel*

Nicht zuletzt macht eine ganze Reihe von Pflanzen und edlen Steinen vor bösen Geistern fest. Schon unsere Vorfahren wußten sich mit Erfolg ihrer zu bedienen.

Zum allgemeinen Schutz

Beschreikraut (Stachys recta), *Beifuß* (Artemisia vulgaris), *Brennessel* (Urtica dioica), *Dill* (Anethum graveolens), *Dorant* (Antirrhinum maius), *Dost* (Origanum vulgare), *Heidekraut* (Erica spp.), *Immergrün* (Vinca minor), *Johanniskraut*, u. a. auch »Teufelsbanner« genannt (Hypericum perforatum), *Knoblauch* (Allium sativum), *Linde* (Tilia platyphyllos), *Petersilie* (Petroselinum crispum), *Raute* (Ruta graveolens), *Rosmarin* (Rosmarinus officinalis), *Schlehe* (Prunus spinosa), *Schwertlilie* (Iris spp.), *Rainfarn* (Tanacetum vulgare) – muß am Tage Mariä-Himmelfahrt – 15. August – geweiht werden, *Kreuzkraut* (Senecio spp.) – soll zuvor in der Johannisnacht geblüht haben, *Teufelsabbiß* (Scabiosa succisa) – um Mitternacht vor dem Johannistag zu holen, *Esche* (Fraxinus spp.) – je näher an der Behausung stehend, desto besser, *Gauchheil* (Anagallis arvensis) – ist an der Außentür des Hauses zu befestigen.

Spezielle Wirkungen

Allermannsharnisch (Allium victorialis) – hält Gespenster und Poltergeister fern beziehungsweise vertreibt diese.

Mistel (Viscum album) – hilft gegen Alpträume. In Schleswig-Holstein hieß man sie auch »Marentacken« (»Maren« bezieht sich auf Nachtmar, und »takken« steht für Zweig).

Baldrian (Valeriana officinalis) – als Unruhe in die Wohnung zu hängen. Jede – scheinbar unmotivierte – Bewegung signalisiert das Nahen von Geistern und Dämonen.

Wacholder (Juniperus communis) – unter den Grundstein eines Hauses gelegt, hält er alle verderblichen Kräfte und Mächte von diesem fern.

Aronstab (Arum maculatum), *Eberraute* (Artemisia abrotanum), *Schneckenklee* (Medicago arborea) – in die Wiege gegeben, sind sie Kleinkindern ein verläßlicher Schutz vor allen Anfechtungen.

Als Amulett empfohlen

Eibe (Taxus baccata), *Eisenkraut* (Verbena officinalis), *Hagedorn* (Crataegus spp.), *Löwenmaul* (Antirrhinum majus), *Pfingstrose* (Paeonia spp.), *Traubenkirsche* (Padus avium).

Mit Edelsteinen gegen Geister

Amethyst – ein wahrer Wunderstein zu diesem Zweck.

Bernstein – schützt besonders Kinder.

Jaspis – hilft bei Beschwörungen vor dem Teufel.

Chrysolith – muß durchbohrt und, mit einem Eselshaar befestigt, am linken Arm getragen werden. Hält so vor allem Nachtgespenster fern.

Diamant – im Haus aufbewahrt, schützt er dessen Bewohner vor allen übelwollenden Geistern.

Karneol und *Onyx* – bewahren ihre Träger vor den Folgen des »Bösen Blicks«.

Smaragd – Im Falle des Ehebruchs eines Partners fahren böse Geister aus dem Edelstein und verfolgen den Treulosen (oder die Treulose).

Die Loreley auf ihrem Felsen hoch über dem Rhein

Als Rübezahl itzund ein Waldweib vertrieb

Es gehen die neulichsten Avisen, daß vor wenig Wochen sich auf der Schneekoppe ein wunderliches Waldweib habe sehen lassen, welches nicht gar groß und sonsten umb und umb mit grünen Moos verposamentieret ist. Hievon gibt man vor, daß es ein neu Gespenste sein soll, welches von einem Teufelsmeister daselbsthin anderswoher soll gebannet sein. Doch der Rübezahl soll ohn Unterlaß seinen Ort verteidigen und sich greulich mit der Bestie herumb kampeln. Da soll es wunderliche Sprünge geben, daß es die Leute nicht gnugsam beschreiben können; da sollen sie sich zuschmeißen, indeme der Rübezahl als ein alter Gast seine vorige Residenz alleine beherrschen will, das Hängersweib aber sich auf die geschehene Zueignung berufet und immer saget: Herunter, du alter Hund! packe dich, du verschrumpfelter Abgott! trolle dich, du Gaißmann oder Satyre! Hierauf soll er anheben und sagen: Schweig, du Mutz, oder ich will dir deinen moosichten und moskowitischen Belz zerlausen! Und indem soll er hinter sie her sein, und sie nicht minder wider ihn: da soll es an ein Turnieren gehen, daß alles knistert und knastert. Und also wird es hier einmal wahr, daß ein Teufel sich wider den andern erhebet, sie einander die Kolbe lausen und uneines werden …

Nach Johannes Praetorius
(»Dae monologia Rubenzalii Silesii«)

M. v. Schwind (1804–1871) *Rübezahl*

Kleine Geisterkunde

Akephalos (Griechisch: Kopfloser). Diese Art Dämon ist fast in allen Kulturen bekannt. In der deutschen Sagenwelt offenbart er sich u. a. als Schimmelreiter. Auch jene Gestalten, die dazu verdammt sind, im »Wütenden Heer« mitzuziehen, tragen oftmals ihre Köpfe unter dem Arm. Allgemein gilt dies als Zeichen für ungesühnte Verbrechen.

Alb (auch Drud oder Nachtmahr). Nächtliche Alpträume, die auf diesen Druckgeist zurückgeführt werden, deutete Sigmund Freud als Ausdruck eines »*heftigen seelischen Konflikt(es)*« mit erotischem Hintergrund. Andere Erklärungen führen schlichtweg einen zu vollen Magen beziehungsweise Symptome der Angina pectoris ins Feld. Der Alb zeigt sich in verschiedenen Gestalten, einmal als schönes Mädchen oder Jüngling, dann wieder als garstige Hexe oder häßlicher Zauberer. Aber auch in Tiergestalt tritt er auf. Deshalb: »*So einem der Alb oder die Trut drücket, lege, wenn Du zum Bett hineingestiegen bist und schlafen gehest, Arm und Bein kreuzweis übereinander und bete.*«

Aufhocker. Variante des Alb, der an bestimmten Orten

M. v. Schwind (1804–1871) *Der Traum des E. v. Steinbach* (Ausschnitt)

sein Unwesen treibt, auf Vorübergehende lauert und ihnen auf den Rücken springt. In Hildesheim steht wohl das einzige Denkmal in Deutschland (außer jenen mit Mephisto), das einen Geist zeigt. Ein Bauersmann mit einem Sack gestohlener Äpfel wird von einem Aufhocker bedrängt. Die Inschrift dazu lautet:

> *Junge, lat dei Appels stahn*
> *Süs packet deck dei Huckup an;*
> *Dei Huckup ist en starken Wicht*
> *Hölt mir dei Stehldeifs bös Gericht.*

Baumgeister. Der Baum galt in vielen Kulturen als Sitz geheimnisvoller Wesen und Kräfte (Vergl. dazu auch Goethes »Erlkönig«). In der Antike besaß jede Baumart eine spezielle Seele. Es handelte sich zum Teil um halbgöttliche Wesen, am häufigsten um verwandelte Nymphen. Ovid hat diesen »Metamorphosen« ein ganzes Werk gewidmet, und Bernhard von Clairvaux war überzeugt: *»Du wirst mehr in den Wäldern finden als in den Büchern. Die Bäume ... werden dich Dinge lehren, die dir kein Mensch sagen wird.«* Ich kannte noch einen alten Holzfäller, der drei Kreuze in die Rinde jedes Stammes ritzte, den er fällte. Damit hoffte er, sich mit den Baumgeistern versöhnen zu können.

Berggeister. Von der Existenz des unheimlichen bösartigen Mönchswesens (mit dunkler Kutte und Kapuze) war schon Georg Agricola im 16. Jahrhundert überzeugt. Es zeigte sich dazumal den Bergleuten ebenso oft wie die kleinen grauen Männlein. Letztere galten als verspielt und neckisch und im Grunde als ungefährlich. Sie gingen sogar den unter Tage arbeitenden Männern zur Hand und erwiesen sich so im wahrsten Sinne des Wortes als »gute Geister«.

Bilwiz. Dieser unter verschiedenen Namen (Bilwiz, Pilwis, Pilfas, Bilmesschnitter, Bilsweis, Willeweis) bekannte Geist wurde schon von Wolfram von Eschenbach erwähnt und hat sich letztlich als Korndämon manifestiert. Herr F. Bittel aus dem Fränkischen beobachtete ihn als Junge (1920) von der Spitze eines Birnbaumes aus. Er beschreibt den Bilwiz als grüngekleidetes Männchen mit rotem Hut und zwei scharfen, weithin blitzenden Sicheln an den Füßen. Mit Hilfe dieser habe er in Windeseile zwei große, parallel verlaufende Schlangenmuster in das Getreide gemäht. Angesichts der weltweiten Diskussion um die Kornkreiszeichen muß es verwundern, daß der Bilwiz dabei unbeachtet bleibt.

Butzemann. Eigentlich ein tückischer Hausgeist. Das bekannte Kinderlied verharmlost ihn – offensichtlich aus pädagogischen Gründen:

J. Diez *Ein spendabler Hausgeist*

Es tanzt ein Bi-Ba-Butzemann
in unserm Haus herum, didum!
Er rüttelt sich, er schüttelt sich,
er wirft sein Säckchen hinter sich.
Es tanzt ein Bi-Ba-Butzemann
in unserm Haus herum.

Drak. Dieser fliegende Hausgeist ist nicht mit dem Drachen zu verwechseln, sondern in der Regel gutmütig. Da er aber keinesfalls daran denkt, freiwillig zu teilen, kann man ihn wie folgt überlisten: Man reiche ihm zunächst mit den Worten *»Hänschen eß«* eine Schüssel mit Speisen und fordere ihn dann mit dem Ruf *»Hänschen klecks«* zum schnellen Verdauen auf. Die Münzen, die er darauf von sich gibt, sollen nicht einmal stinken. Ansonsten Vorsicht; auf Grund seiner feurigen Gestalt ist der Umgang mit ihm nicht unproblematisch.

Ekerken (Eichhörnchen). Die Brüder Grimm haben den hilfreichen Kobold aus dem Klevischen in ihrem Sagenwerk verewigt. Vorher tauchte er u. a. schon in einem niederländischen Zauberbuch auf. Er gehört zu jenen Geistern, denen es offensichtlich nach Menschenfrauen ist. Wird doch berichtet, daß er sich nachts zu den Dienstmägden lege und sie *»bey irem heimlichen und verborgnen haar«* streichle. Der möglicherweise verwandte Zwerg Ekke Nekkepenn wollte sogar eine Menschin ehe-

H. v. Gumppenberg *Sommermärchen* um 1895

lichen (siehe dazu auch das Märchen vom »Rumpelstilz-
chen«.)

Elben. In der »Edda« geht die Rede von Licht- und Dun-
kelelben; sie gelten für die umhergeisternden Seelen Verstorbener, aber auch für gestürzte Engel und zeigen sich
nur besonders sensiblen Menschen. Bei den Elfen handelt
es sich übrigens um einen relativ jungen Sproß dieser Gattung.

Erdhühnchen. Ein häuslicher Schutzgeist, der die Menschen mit piepsender Stimme vor Unheil warnt. Auf eben
diese Schreie gründet sich denn auch der Rückschluß auf
sein Aussehen, der aber durch nichts bewiesen ist. Muß
doch jeder, der das Erdhühnchen zu Gesicht bekommt,
sterben.

Fee. Weiblicher Naturgeist der Kelten. Die wohl be-
rühmteste Fee war Viviane, die einst den Zauberer Mer-
lin betört hat. Diese liebenswerten Geistwesen offen-
baren sich vor allem poetischen Naturen; während sie
sich von Lautem und Grobem fernhalten. Zu nichts Bö-
sem imstande, können sie empfindsame Menschen
inspirieren. Ich persönlich kenne mindestens zwei Perso-
nen, die mit Feen vertrauten Umgang pflegen und dabei
sehr glücklich sind.

N. Paton (1821–1901) *Der Streit zwischen Oberon und Titania* 1847

Feuermann. Sie wurden m. E. zuletzt im 19. Jahrhundert gesehen und zwar als Feuerräder oder auch als Riesengestalten, welche spät vom Wirtshaus Heimkehrende erschreckten. In der Werragegend waren an einem Fensterladen noch vor 50 Jahren fünf riesige schwarze Finger zu sehen, die ein Feuermann bei der Verfolgung eines jungen Mädchens in das Holz gebrannt hatte.

Flaschengeist (Spiritus familiaris), von Johann Christoph von Grimmelshausen in dessen »Lebensbeschreibung der Erzbetrügerin und Landzerstörerin Courasche« detailliert beschrieben. Bringt Macht und Reichtum, verlangt aber dafür die Seele des Hausherrn.

Gnom. Während deren Frauen durchaus sehenswert sein sollen, gelten die Männer eher als häßlich. Sie sind zumeist mit der Bewachung vergrabener Schätze betraut. Mit Hilfe des Christophskrauts (Actaea spicata) kann man sie aber außer Gefecht setzen.

Greiss (auch Kuhtod). Die Wissenschaft hat inzwischen die Identität des viehmordenden Ungeheuers enttarnt. Es handelt sich um den Rauschbrand, eine Seuche, die oftmals den Tierbestand ganzer Bergweiden dezimierte.

Heinzelmann. Die koboldartigen Hausgeister sind in der Regel hilfreich, wollen aber ernstgenommen und entsprechend behandelt werden. Seitdem sie beim ZDF zu Fernsehstars avanciert sind, sollen sie eitel geworden sein und zu ihren ursprünglichen Aufgaben keine Lust mehr haben.

Hexe. Sie ist zwar kein Geist, kann diese aber beschwören. Im Gegensatz zur »Weißen Frau« nutzt sie ihr geheimes Wissen, um Böses zu tun. Zur Zeit soll es wieder mehr Hexen geben als noch vor einigen Jahren. Man kann sie unter anderem dadurch erkennen, indem man sich beim Silvesterläuten auf einen aus neunerlei Nadelholz gefertigten dreibeinigen Schemel vor die Kirchentür setzt …

Holle, Frau. Gilt als identisch mit der Perchta des süddeutschen Raumes. Martin Luther, der die alte Heidin nicht mochte, schildert sie als »*Frau mit der Potznasen, die umhängt ihren alten Treudelmarkt, den Strohharns und scharret daher mit ihren Geigen.*« Die Holle hat aber viele Gesichter. So zieht sie nicht nur als gräßliche Alte mit der »Wilden Jagd« daher, sondern betört auch als wunderschöne Frau die Männer. Als Wohnadresse gelten der Hohe Meißner, der Unters- und Hörselberg und der Kyffhäuser.

Hutgen. Dieser Kobold war vor allem Bischof Bernhard von Hildesheim nützlich, gelegentlich aber auch anderen. Von einem Kaufmann beauftragt, während dessen Abwesenheit über die Keuschheit seiner Frau zu wachen, soll der Hutgen geäußert haben; daß er lieber (Nieder-) Sachsens sämtliche Schweine als noch einmal dieses Weib hüten wolle.

Incubus (der Aufliegende). Er liebt es (nomen est omen), ahnungslose Frauen zu beschlafen.

Klabautermann. Die Legend um dessen Herkunft leuchtet ein: Es soll sich bei ihm um den Geist eines ungetauften Kindes handeln, das unter einem Baum vergraben wurde, dessen Holz dann beim Schiffsbau Verwendung fand. Schiffe, die von einem solchen Wesen zum Aufenthalt erwählt wurden, gehen unter, sobald es sie verläßt. Entsprechende Erfahrungsberichte von angesehenen und über jedem Verdacht der Manipulation erhabenen Kapitänen der christlichen Seefahrt gelten als gesichert. Durch den Bau metaller Schiffe hat der Klabautermann kein Zuhause mehr …

Kobold. Dieser zumeist unsichtbare Geist kann seine Gestalt verändern, ist zukunftssichtig und beschützt – meist über Generationen hinweg – Haus, Hof und Familie. Er gilt als sehr empfindlich und soll weder Spaß noch irgendwelche Veränderungen und Wechsel vertragen. So können Löhnungen, die über das Übliche hinausgehen, seinen Wegzug bewirken. Geradezu Ekel empfindet er vor dem Verzehr von Christstollen. Man wird ihm also damit nichts Gutes tun.

Mephisto. Um zu wissen, wer und wie er wirklich war, lese man sowohl das »Volksbuch von Dr. Faustus« (1587) als auch Goethes Drama.

Nachzehrer. Martin Luther, der fest an die körperliche Existenz von Teufeln und Geistern glaubte, hat sich als erster mit dieser Form des Vampirismus auseinandergesetzt: Die Leiche frißt sich erst an sich selber satt, ehe sie mit anderen weitermacht.

Nix. Der Wassergeist wird zumeist als verschlagen und bösartig geschildert. Überliefert sind gleich mehrere Berichte, wo ein solcher Nix die Hilfe einer Menschenfrau als Hebamme in Anspruch nimmt, diese jedoch nur deshalb aus seinem Wasserreich entlassen muß, weil sie klugerweise ein Sträußchen mit Dost und Dorant bei sich geführt hat.

Poltergeist. Spezies, die sich auch heutzutage immer wieder bemerkbar macht. So hört man es nahe dem Städtchen R., im Hause der Schwiegereltern eines mir bekannten Pfarrers, zu bestimmten Zeiten rumpeln, an frisch aufgehängten Wäschestücken zeigen sich schmutzige Fingerabdrücke, und nächtens stürzen unvermittelt Gegenstände zu Boden.

Rübezahl. Der wohl bekannteste Wald- und Berggeist. Sein Reich ist das Riesengebirge. Dort sterben seit langem

M. v. Schwind (1804–1871) *Erscheinung im Wald*

die Bäume, und Rübezahl wurde mindest ebenso lange nicht mehr gesehen. Sein schönstes malerisches Abbild stammt von Moritz von Schwind.

Succubus. (Der Darunterliegende.) Weiblicher Dämon, der mit Männern geschlechtlich verkehrt.

Troll. Ist in Skandinavien beheimatet. Verändert seine Gestalt von einem Zwerg zu einem Riesen und hat – wie meine Frau bestätigen kann – auch gute Seiten.

Undine. Die schöne Wasserjungfrau wurde erstmals von Paracelsus erwähnt und beschäftigt seither die Gemüter, vor allem die der Dichter, Maler und Komponisten. Als Naturdämon sucht sie durch die Verbindung mit einem Menschen eine Seele zu gewinnen.

Wechselbalg. Besonders die Elementargeister neigen dazu, ihre eigenen Kinder durch menschliche auszutauschen. Luther sah die Sache so: »*Wechselbälge und Kielkröpfe legt der Satan an der rechten Kinder Statt, damit die Leute geplaget werden. Etliche Mägde reißt er oftmals ins Wasser, schwängert sie und behält sie bei ihm, bis sie des Kindes genesen, und legt darnach dieselben Kinder in die Wiegen und nimmt die rechten Kinder draus …*«

Weiße Frau. Prototyp war die Weiße Frau von Orlamünde. Mit den Hohenzollern zog der bis heute Unglück anzeigende Geist von Franken in die Mark Brandenburg.

Werwolf. Schon in der Antike glaubte man, daß sich Menschen unter bestimmten Bedingungen in Wölfe verwandeln können. Die Rede geht von ca. 30000 Fällen. Die Zigeuner behaupten:

> *Sogar ein Mann von reinem Herzen,*
> *der des Nachts betet,*
> *kann zum Wolf werden,*
> *wenn der Eisenhut blüht,*
> *und der Herbstmond leuchtet.*

Wilde Jagd (auch: Wütendes Heer). Versinnbildlicht die alten Vorstellungen von nächtlichen Geisterkämpfen und des durch die Lüfte jagenden Totenheeres. Eine alte Regel zur Abwehr lautete, keine drei hintereinanderliegenden Türen offenstehen zu lassen. Die Meteorologen haben vielerorts die Durchzugswege des »Wütenden Heeres« mit jenen Stellen lokalisiert, wo erfahrungsgemäß die Herbst- und Winterstürme am stärksten wüten.

Wilder Jäger. Führt das »Wütende Heer« an. Hat es vor allem auf die Waldweiber abgesehen und bedenkt die Menschen nicht selten mit einem – grausigen – Fleischgeschenk.

Quellen/Literatur
(Auswahl)

Avenarius, Wilhelm: Rund um die weiße Frau. Ein Geister-Handbuch. Übersinnliche Erscheinungen im Volksleben, auf Burgen und Schlössern. Sigmaringendorf 1987.

Grabinski, Bruno: Spuk und Geistererscheinungen. Graz 1953.

Grimm, Jacob: Deutsche Mythologie. Graz 1968.

Hoffmann-Krayer, E. und Bächthold-Stäubli, H. (Hrsg.): Handwörterbuch des deutschen Aberglaubens. Berlin 1968.

Jung (genannt Stilling), Johann Heinrich: Theorie der Geisterkunde. Wiesbaden 1979.

Kemmrich, Max: Die Brücke zum Jenseits (Erweiterte Neubearbeitung von «Gespenster und Spuk»). München 1927.

Nielsen, Enno: Die Hexen von Endor. München 1978.

Petzoldt, Leander: Kleines Lexikon der Dämonen und Elementargeister. München 1990.

Peuckert, Will-Erich: Von schwarzer und weißer Magie. Berlin o. Jg.

Rosenberger, Ludwig (Hrsg.): Geisterseher. Eine Sammlung seltsamer Erlebnisse berühmter Persönlichkeiten in Selbstzeugnissen und zeitgenössischen Berichten. München 1952.

E. Weber *Die Nymphe kommt aus ihrem Teich* um 1900

Die deutsche Bibliothek – CIP-Einheitsaufnahme
Luthardt, Ernst-Otto:
Das kleine Buch der Geister / Ernst-Otto Luthardt. –
Würzburg : Stürtz, 1995
(Stürtz – Kleine Bibliothek ; Bd. 28)
ISBN 3-8003-0700-6
NE: HST; GT

Meinem Freund Martin Finsterbusch in Verehrung und
Dankbarkeit gewidmet

Rechtsnachweis
Für Bild:
Archiv für Kunst und Geschichte: S. 1, 4, 21, 50, 52/53, 58/59
Artothek: Schutzumschlag vorn, S. 2, 10/11, 16, 28/29, 37, 43, 45
Schutzumschlag hinten
Wolfgang Müller: S. 7, 24, 35, 41, 48, 63

Alle Rechte vorbehalten
© 1995 Stürtz Verlag GmbH, Würzburg
Gestaltung: Th. & H. Selle
Printed in Germany
ISBN 3-8003-0700-6

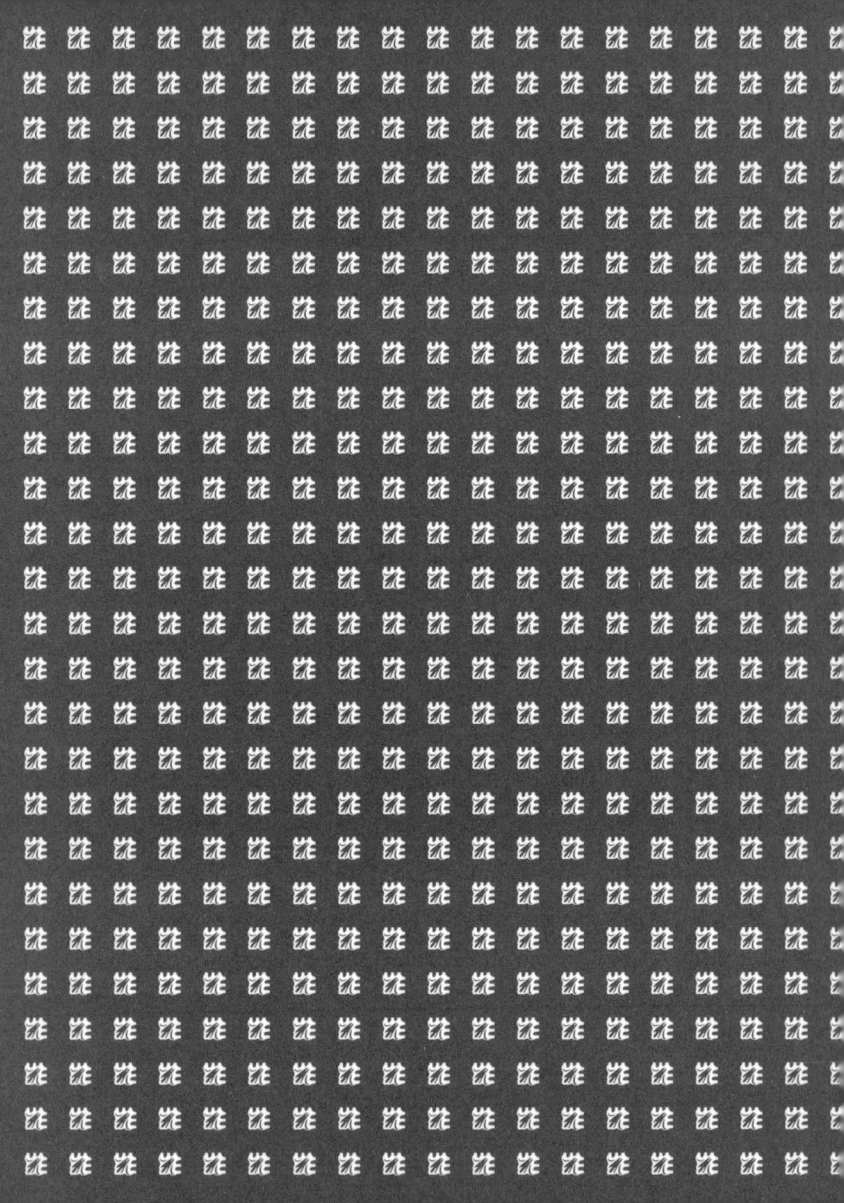